Charles Gounod

Margarethe (Faust)

Oper in fünf Akten

Charles Gounod

Margarethe (Faust)
Oper in fünf Akten

ISBN/EAN: 9783743699519

Hergestellt in Europa, USA, Kanada, Australien, Japan

Cover: Foto ©Thomas Meinert / pixelio.de

Weitere Bücher finden Sie auf **www.hansebooks.com**

Margarethe
(FAUST)

Oper in 5 Acten

componirt

von

CH. GOUNOD.

Vollständiger Klavierauszug
mit französischem und deutschem Text
4 Thlr. netto.

Neue Ausgabe.

Eigenthum der Verleger.
Berlin & Posen.
Leipziger Strafse 37. | Wilhelm Strafse 21.
Unter den Linden 27. | Mylius Hôtel.

Breslau,   **ED. BOTE & G. BOCK.**   Stettin,
Lichtenberg.   Hof-Musikhandlung.   Simon.
J.J.M.M. des Königs u. der Königin u. S.K.H. des Prinzen Albrecht v. Preußen.
Leipzig Leede.
Eingetragen gemäß den Vorschriften der internationalen Verträge.

Faust
(Margarethe).
Oper in fünf Acten
von
Ch. Gounod.

Personen:

Faust.
Mephistopheles.
Valentin.
Brander.
Margarethe.

Siebel.
Marthe.
Studenten. Soldaten. Bürger. Mädchen und Frauen. Volk. Geistererscheinungen. Hexen und Gespenster. Dämonen. Engel.

Inhalts-Verzeichniß.

Act I.
Seite
1. Introduction 1
2. Scene u. Chor. Nichts! Umsonst befrage ich 4
   Rien! En vain j'interroge.
3. Recitativ. Doch dieser Gott, was vermag er 13
   Mais ce Dieu que peut-il.
4. Duett. Wer ruft? Gefall' ich Euch nicht? 15
   Me voici! D'ou vient la surprise?

Act II.
5. Chor. Wein und Bier, Bier und Wein . . . 29
   Vin ou bière, bière ou vin.
6. Scene und Recitativ. O heiliges Sinnbild . 47
   O sainte médaille.
7. Rondo vom goldenen Kalb. Ja das Gold regiert die Welt . . . 51
   Le veau d'or est toujours debout.
8. Schwertscene u. Choral. Wir danken für dein Lied! 55
   Merci de la chanson.
9. Walzer u. Chor. Leichte Wölkchen sich erheben 65
   Ainsi que la brise légère.

Act III.
10. Couplet. Blümlein traut, sprecht für mich . 83
    Faites lui mes aveux.
11. Scene und Recitativ. Hier herein . . 88
    C'est ici?
12. Cavatine. Gegrüsst sei mir, o heil'ge Stätte . 92
    Salut! demeure chaste et pure.
13. Recitativ. Von dannen! Sie naht 96
    Alorte la, voilà!
14. Scene und Arie. Ich gäb' was d'rum . 97
    Je voudrais bien savoir.
14a. Lied vom König von Thule. Es war ein König von Thule 98
    Il était un roi de Thule.

15. Scene u. Recitativ. Herr, mein Gott! Was seh' ich? 111
    Seigneur Dieu, que vois-je?
16. Quartett. Bitte, o nehmt meinen Arm! . . 115
    Prenez mon bras un moment!
17. Recitativ. Immer muthig, werd' ihr alles sagen! 127
    Du courage, je veux tout lui dire!
18. Recitativ u. Duett. Es ist schon spät, lebt wohl! 131
    Il se fait tard, Adieu!

Act IV.
19. Entr'acte u. Recitativ. Ach, endlich sind sie fort 146
    Elles ne sont plus là.
19a. Margarethe am Spinnrad. Sie blieben noch . 148
    Elles se cachaient.
20. Scene u. Recitativ. Margarethe . . . 154
    Marguerite.
21. Fanfare u. Chor. Hört Ihr sie? 157
    Ecoutez! les voici!
22. Recitativ. Nun, Siebel, komme . . 171
    Allons Siebel.
23. Serenade. Scheinst zu schlafen, du im Stübchen 174
    Vous qui faites l'endormie.
24. Duell-Terzett. Ihr sollt mir Rede steh'n! . . 178
    Que voulez-vous messieurs!
25. Tod Valentins. Schnell hieher . . 186
    Par ici.
26. Kirchenscene. O Herr, so lasse hier niederknie'n 196
    Seigneur, daignez permettre à votre humble servante.

Act V.
27. Die Walpurgisnacht. Die Brockenhexen, sie ziehen 206
    Dans les bruyères, dans les roseaux.
    Bacchanale 211
28. Scene u. Chor. Bis naht das erste Morgenroth 218
    Jusqu'aux premiers du matin.
29. Trinklied. In des Nektars weissem Schaum . 221
    Doux nectar dans ton ivresse.
30. Gefängnissscene. Trio u. Finale. Geh' jetzt! . 230
    Va t'en.

MARGARETHE.
(FAUST)
Oper in fünf Acten
von
CH. GOUNOD.

AKT I.
N⁰ 1. Introduction.

Nº 2. Scene und Chor.

N°4. Duo.

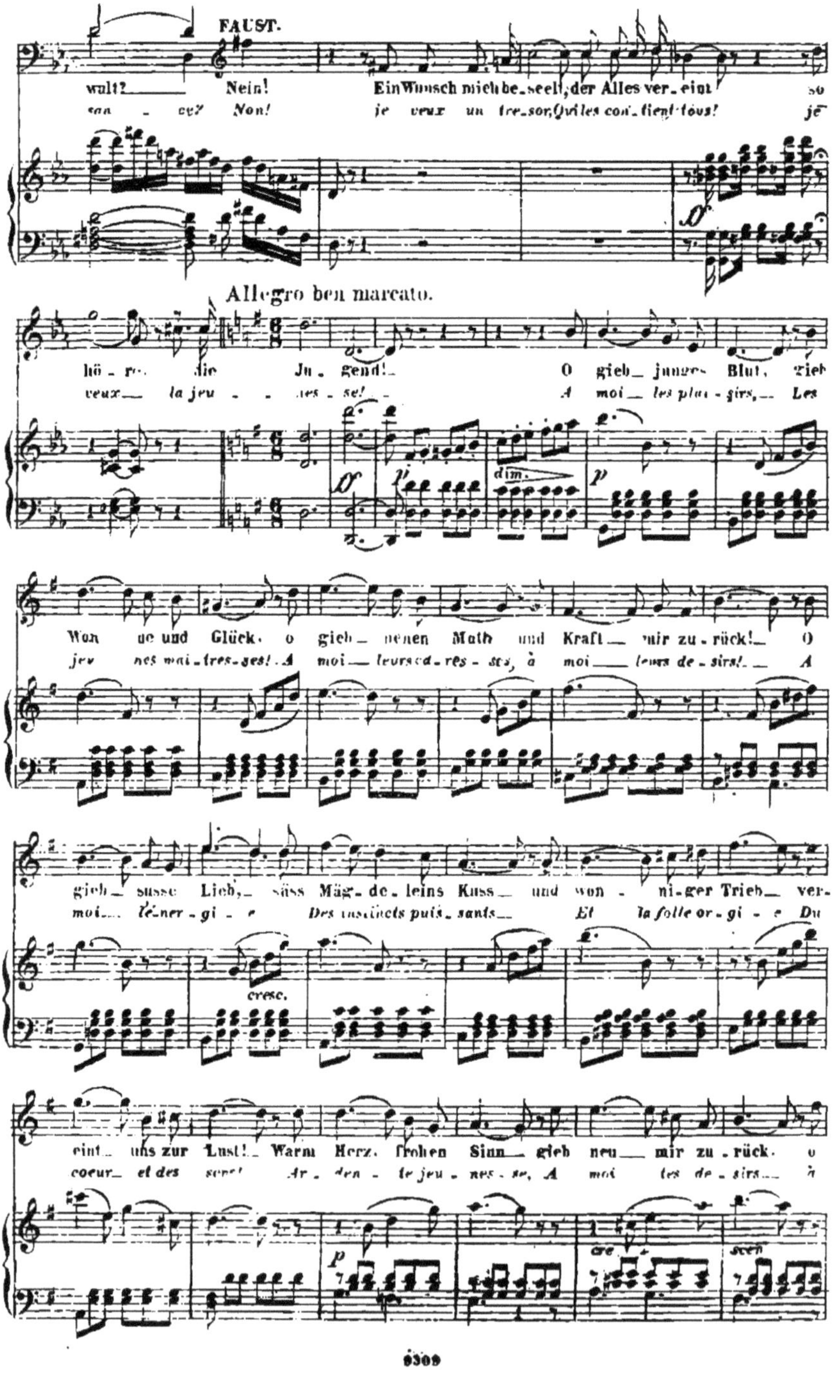
FAUST.
wult? Nein! Ein Wunsch mich be_seelt, der Alles ver_eint so
san _ ce? Non! je veux un tre_sor, Qui les con_tient tous! je
Allegro ben marcato.
hö_re die Ju_gend! O gieb_ junges Blut, gieb
veux_ la jeu _ _ nes _ se! A moi_ les plai_sirs,_ Les
dim.
Won ne und Glück, o gieb_ neuen Muth und Kraft_ mir zu_rück!_ O
jeu nes mai_tres_ses! A moi_ leurs ca_res_ses, à moi_ leurs de_sirs!_ A
gieb_ süsse Lieb,_ süss Mäg_de_leins Kuss_ und won_ ni_ger Trieb_ ver_
moi_ l'éner_gi_e Des instincts puis_sants_ Et la folle or_gi_e Du
cresc.
eint_ uns zur Lust!_ Warm Herz, frohen Sinn_ gieb neu_ mir zu_rück. o
coeur_ et des sens! Ar_den_te jeu_nes_se, A moi les de_sirs_ à
cre_ scen

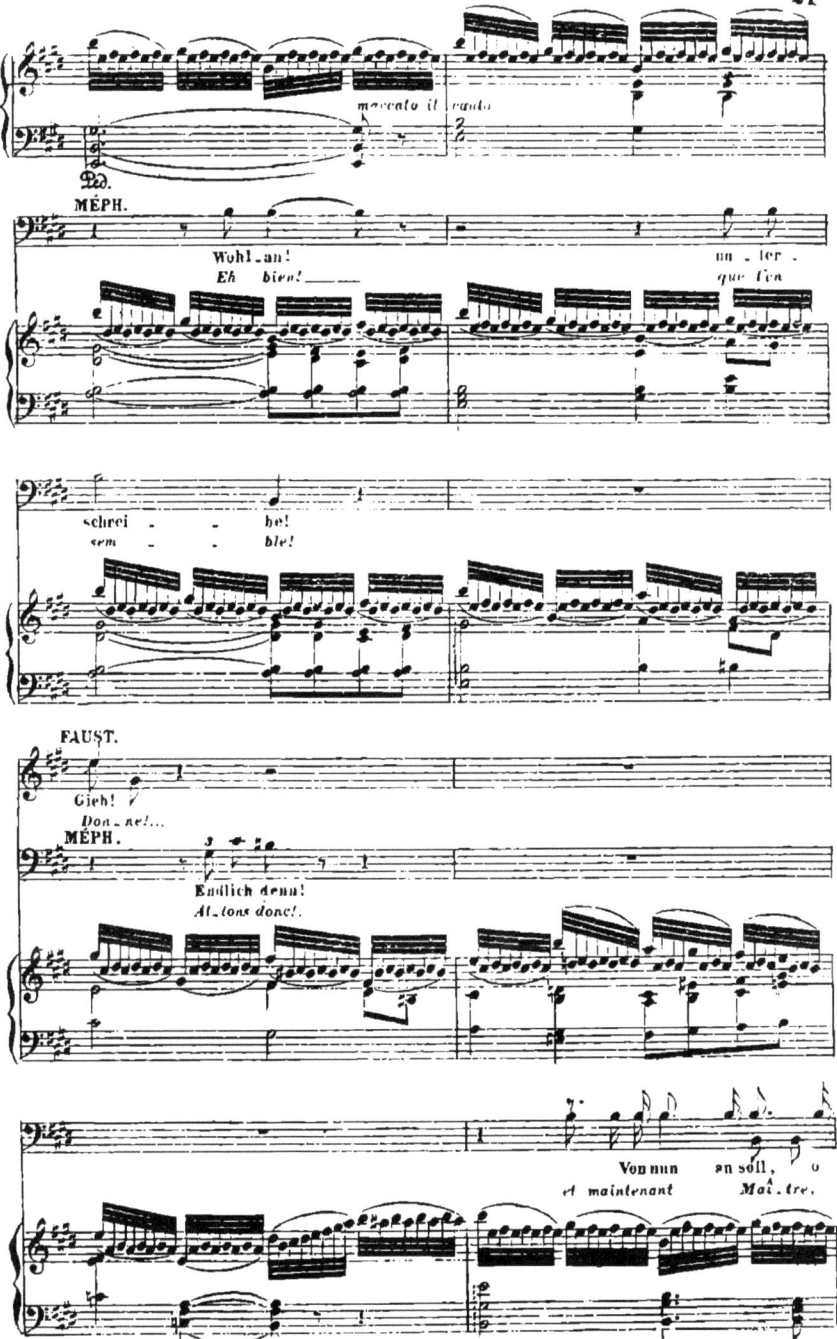

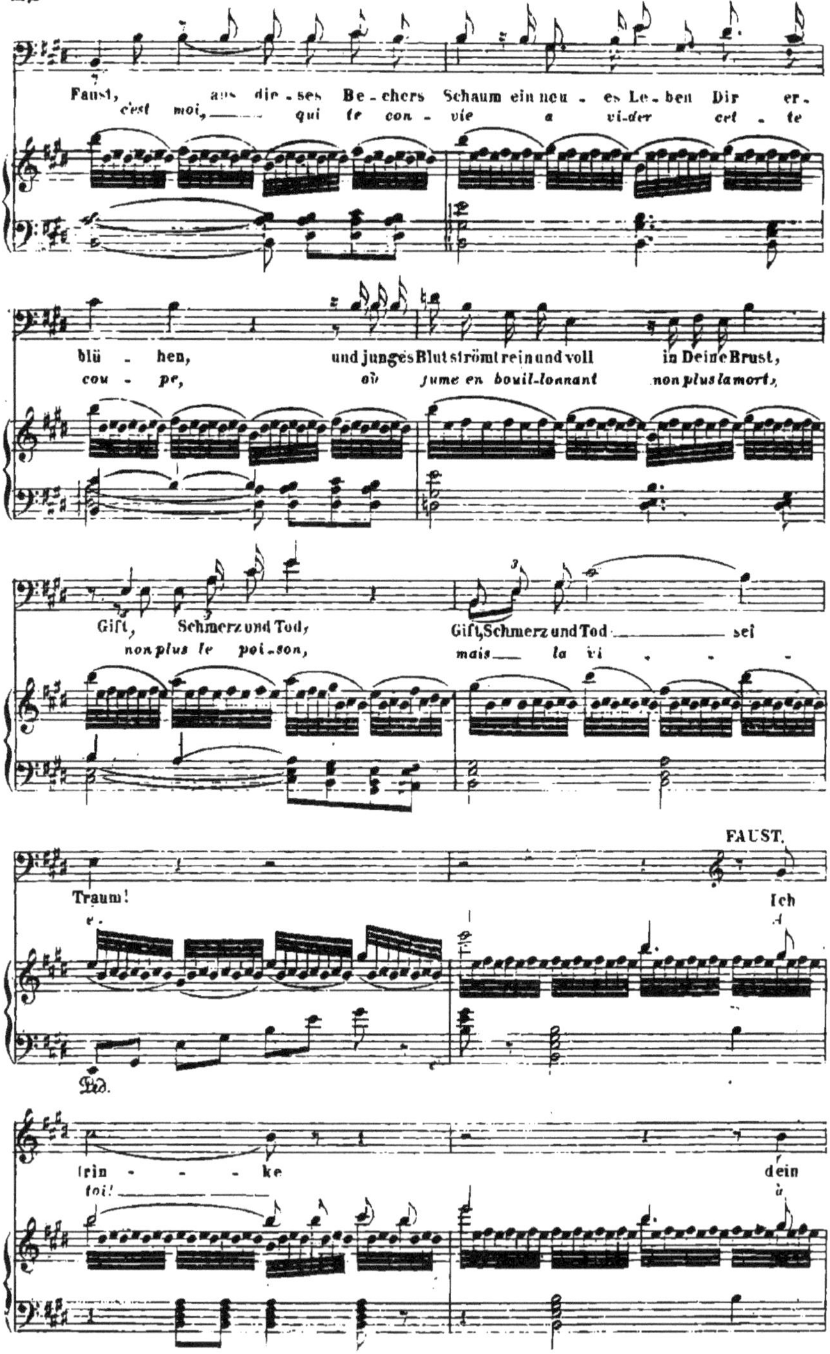
Faust, aus die - ses Be - chers Schaum ein neu - es Le - ben Dir er -
c'est moi, qui te con - vie à vi-der cet - te
blü - hen, und junges Blut strömt rein und voll in Deine Brust,
cou - pe, où fume en bouil-lonnant non plus la mort,
Gift, Schmerz und Tod, Gift, Schmerz und Tod sei
non plus le poi-son, mais la vi - - -
FAUST.
Traum! Ich
e. A
trin - - - ke dein
toi! à

AKT II.
N°5. Allgemeiner Chor.
Kirmess.

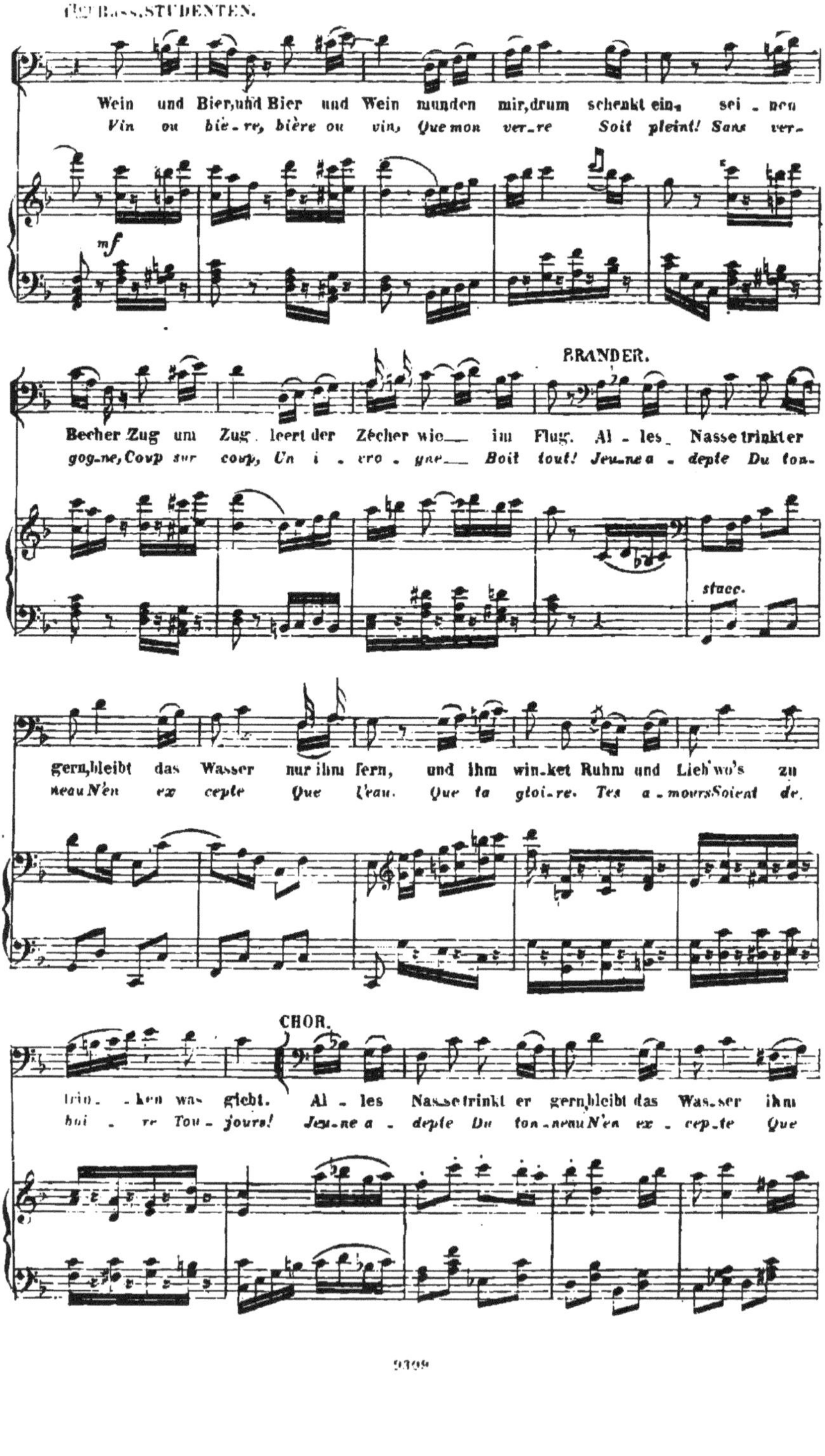
(Erst.) Bass. STUDENTEN.
Wein und Bier, und Bier und Wein munden mir, drum schenkt ein, sei - nen
Vin ou biè - re, bière ou vin, Que mon ver - re Soit plein! Sans ver-
mf
BRANDER.
Becher Zug um Zug leert der Zécher wie im Flug. Al - les Nasse trinkt er
gog - ne, Coup sur coup, Un i - vro - gne Boit tout! Jeu - ne a - depte Du ton-
stacc.
gern, bleibt das Wasser nur ihm fern, und ihm win - ket Ruhm und Lieb' wo's zu
neau N'en ex cepte Que l'eau. Que ta gloi - re. Tes a - mours Soient de.
CHOR.
trin - ken was giebt. Al - les Nasse trinkt er gern, bleibt das Was - ser ihm
boi - re Tou - jours! Jeu - ne a - depte Du ton - neau N'en ex - cep - te Que

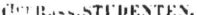

No 6. Scene und Recitativ.

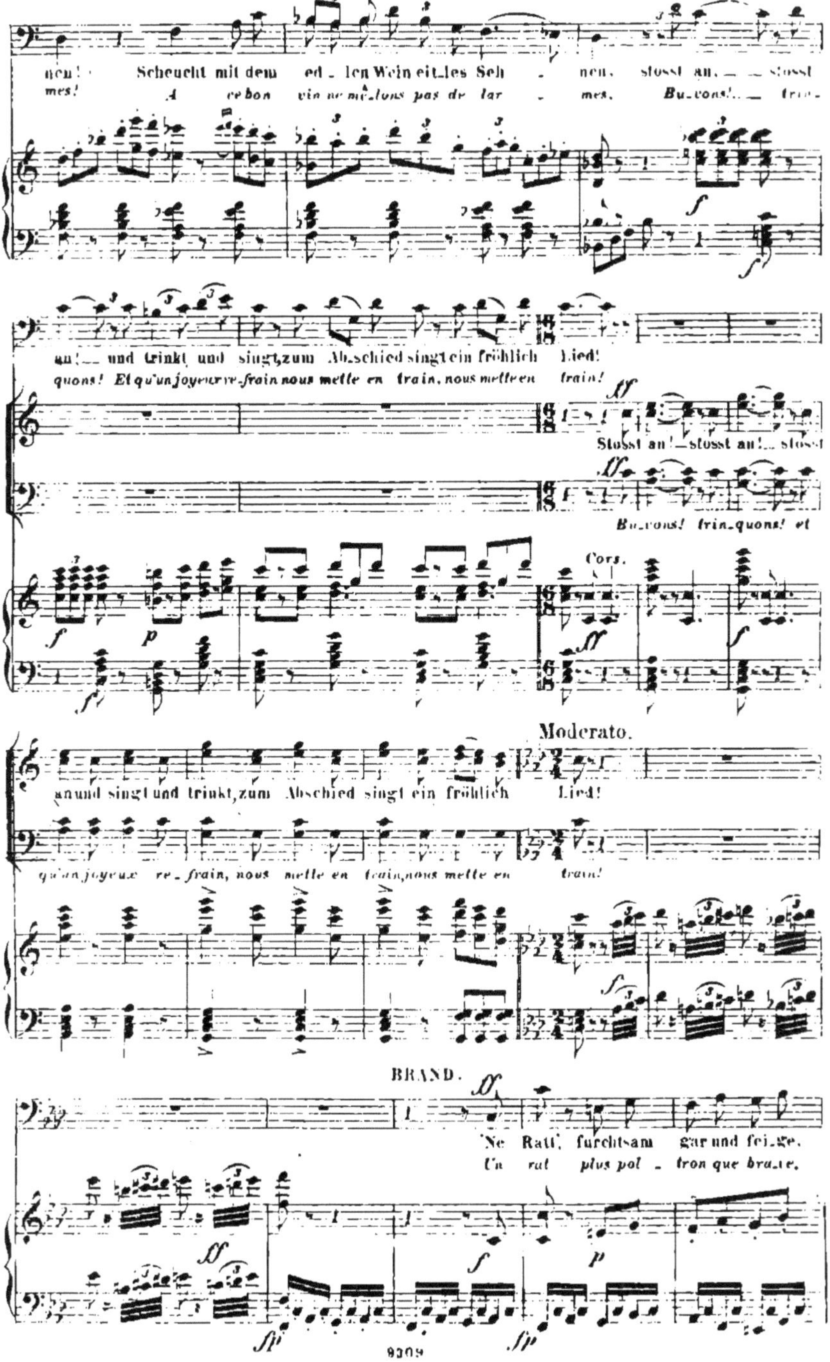
nen! Scheucht mit dem ed_len Wein eit_les Seh_nen, stosst an,__ stosst
mes! A ce bon vin ne mê_lons pas de lar_mes. Bu_vons!__ trin_
an!__ und trinkt und singt, zum Abschied singt ein fröhlich Lied!
quons! Et qu'un joyeux re_frain nous mette en train, nous mette en train!
ff
Stosst an!__ stosst an!__ stosst
Bu_vons! trin_quons! et
f
p
Cors.
ff
an und singt und trinkt, zum Abschied singt ein fröhlich Lied!
qu'un joyeux re_frain, nous mette en train, nous mette en train!
Moderato.
BRAND.
ff
Ne Ratt, furchtsam gar und fei_ge,
Un rat plus pol_tron que bra_ve,
sf
fp

N° 7. Rondo vom goldenen Kalb.

N.º 8. Schwerter-Scene und Choral.

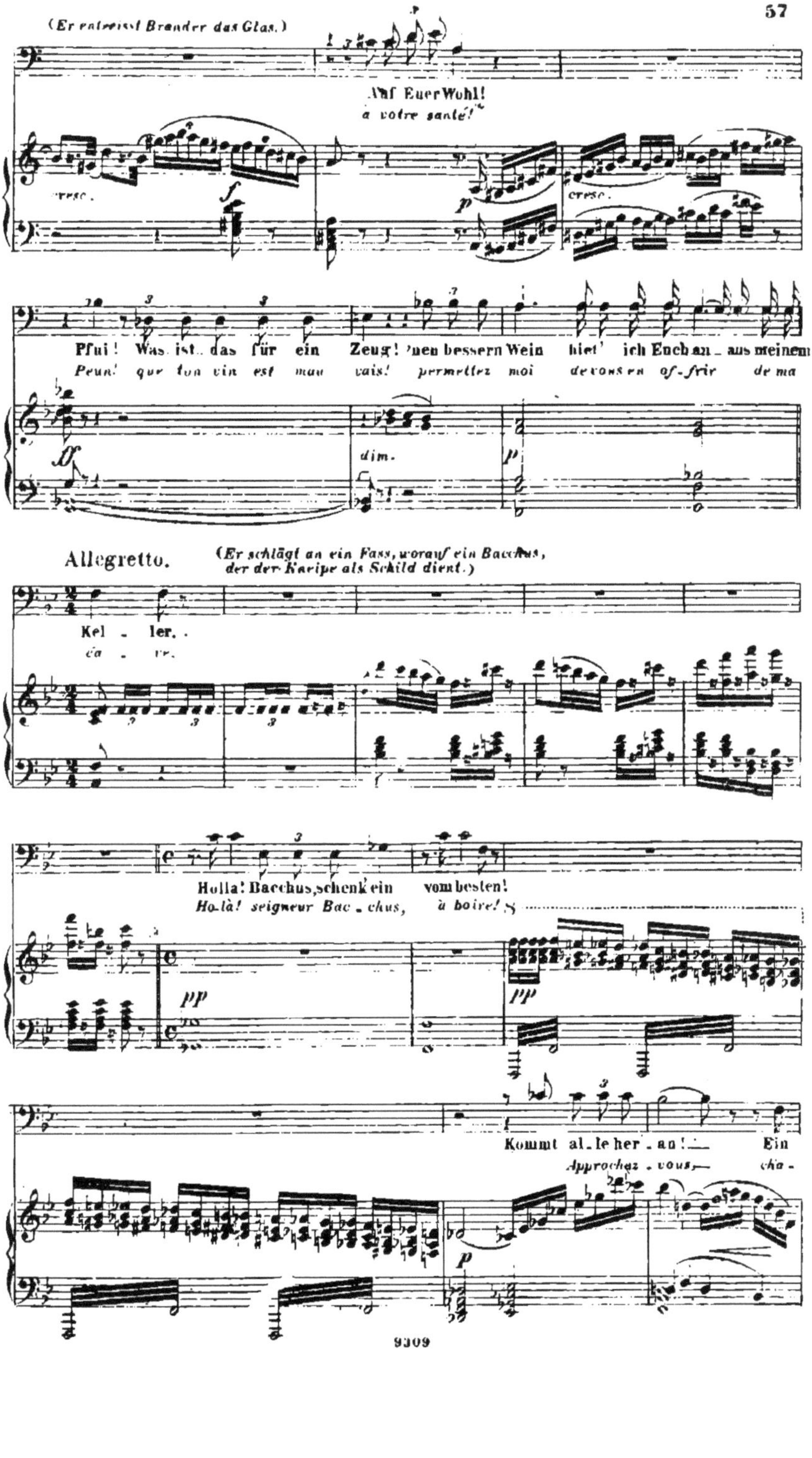

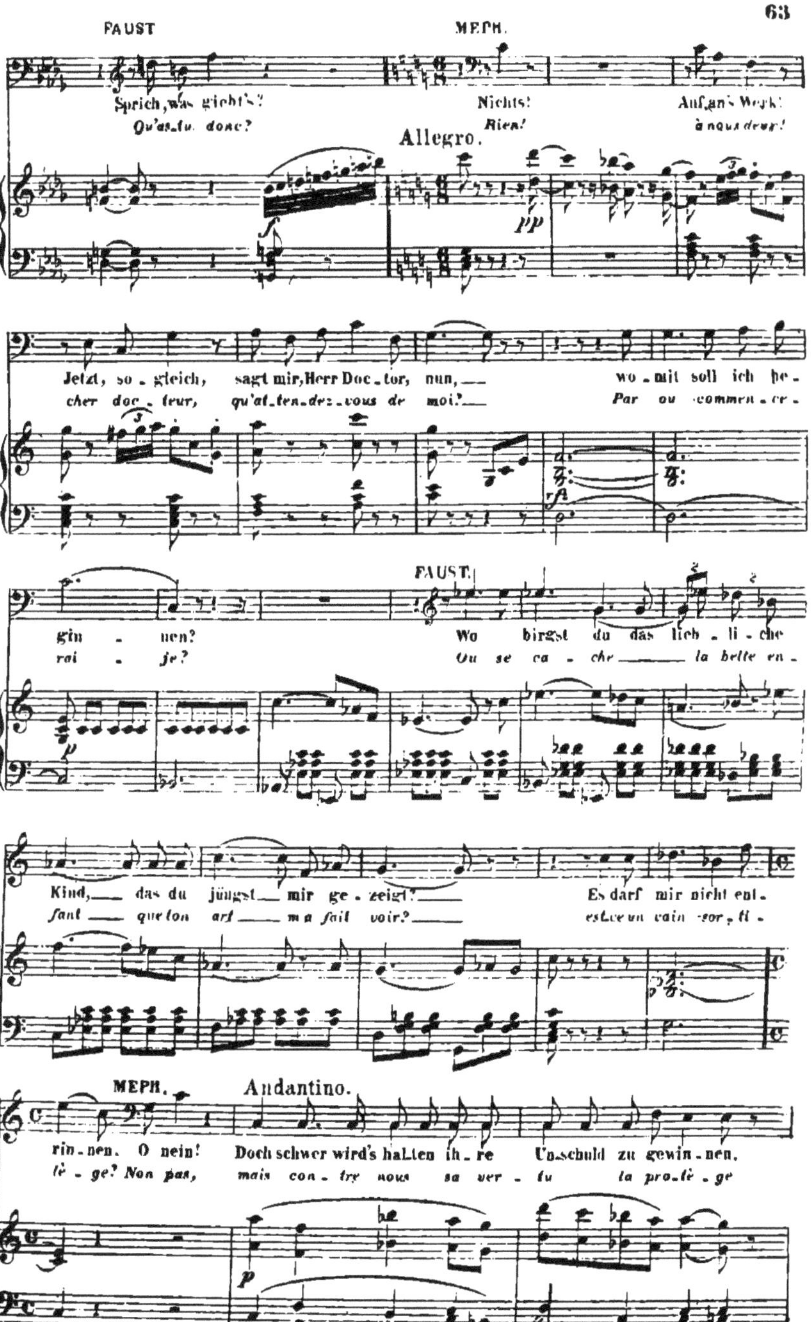
FAUST
MEPH.
Sprich, was giebt's?
Qu'as-tu donc?
Allegro.
Nichts!
Rien!
Auf, an's Werk!
à nous deux!
pp
Jetzt, so-gleich, sagt mir, Herr Doc-tor, nun, wo-mit soll ich be-
cher doc-teur, qu'at-ten-dez-vous de moi? Par où commen-ce-
gin-nen?
rai-je?
FAUST.
Wo birgst du das lieb-li-che
Où se ca-che la belle en-
Kind, das du jüngst mir ge-zeigt? Es darf mir nicht ent-
fant que ton art ma fait voir? est-ce un vain sor-ti-
MEPH.
Andantino.
rin-nen. O nein! Doch schwer wird's halten ih-re Un-schuld zu gewin-nen.
lè-ge? Non pas, mais con-tre nous sa ver-tu la pro-tè-ge
p

N⁰ 9. Walzer und Chor.

AKT III.

N?10. Couplets.

N⁰ 11. Scene und Recitativ.

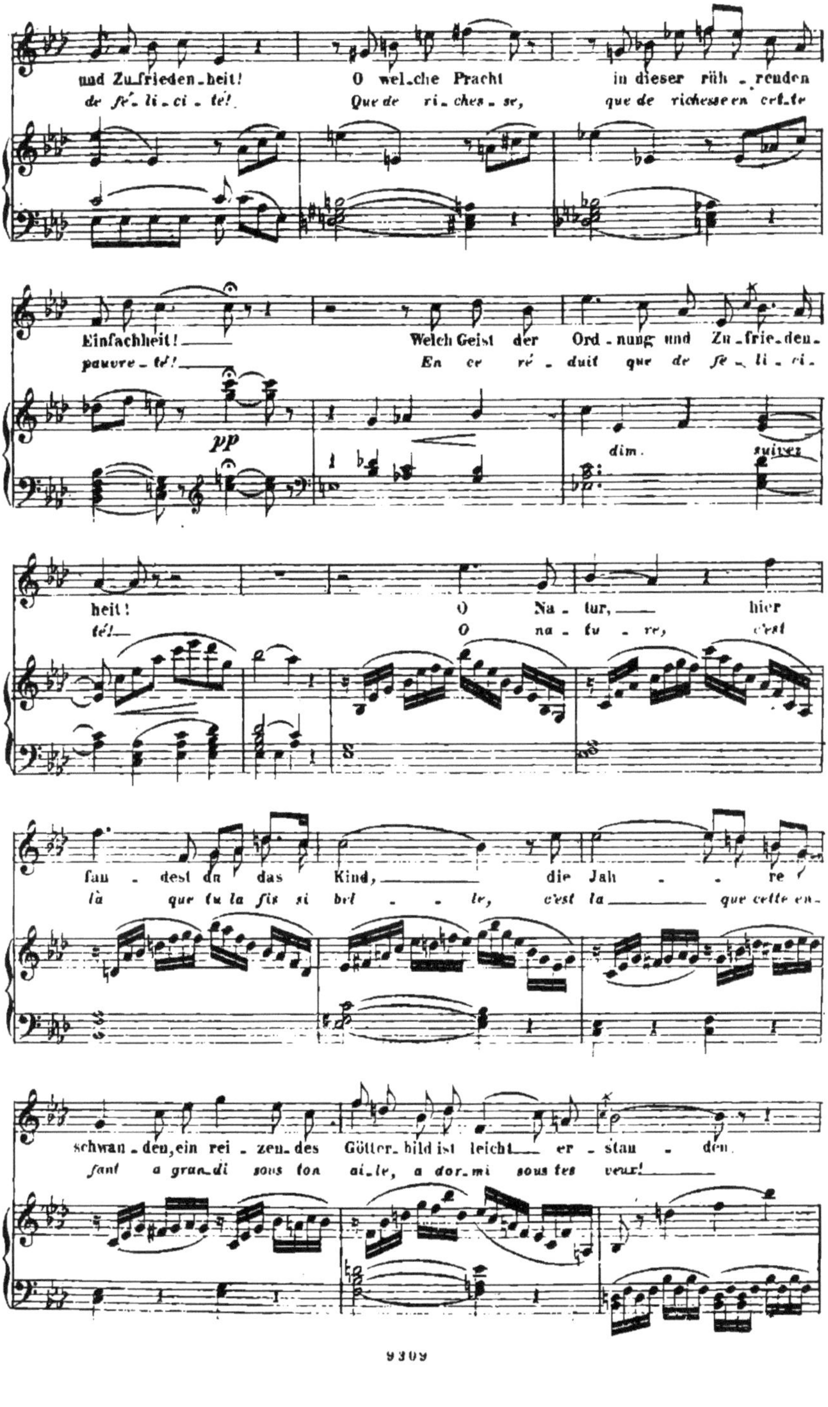
und Zu_frieden_heit! O wel_che Pracht in dieser rüh_renden
de fé_li_ci_té! Que de ri_ches_se, que de richesse en cet_te
Einfachheit! Welch Geist der Ord_nung und Zu_frie_den_
pauvre_té! En ce ré_duit que de fé_li_ci_
pp
dim.
suivez
heit! O Na_tur, hier
té! O na_tu_re, c'est
fan_dest du das Kind, die Jah_re
là que tu la fis si bel_le, c'est là que cette en_
schwan_den, ein rei_zen_des Götter_bild ist leicht er_stan_den.
fant a gran_di sous ton ai_le, a dor_mi sous tes yeux!

No 14a. Lied vom König von Thule.

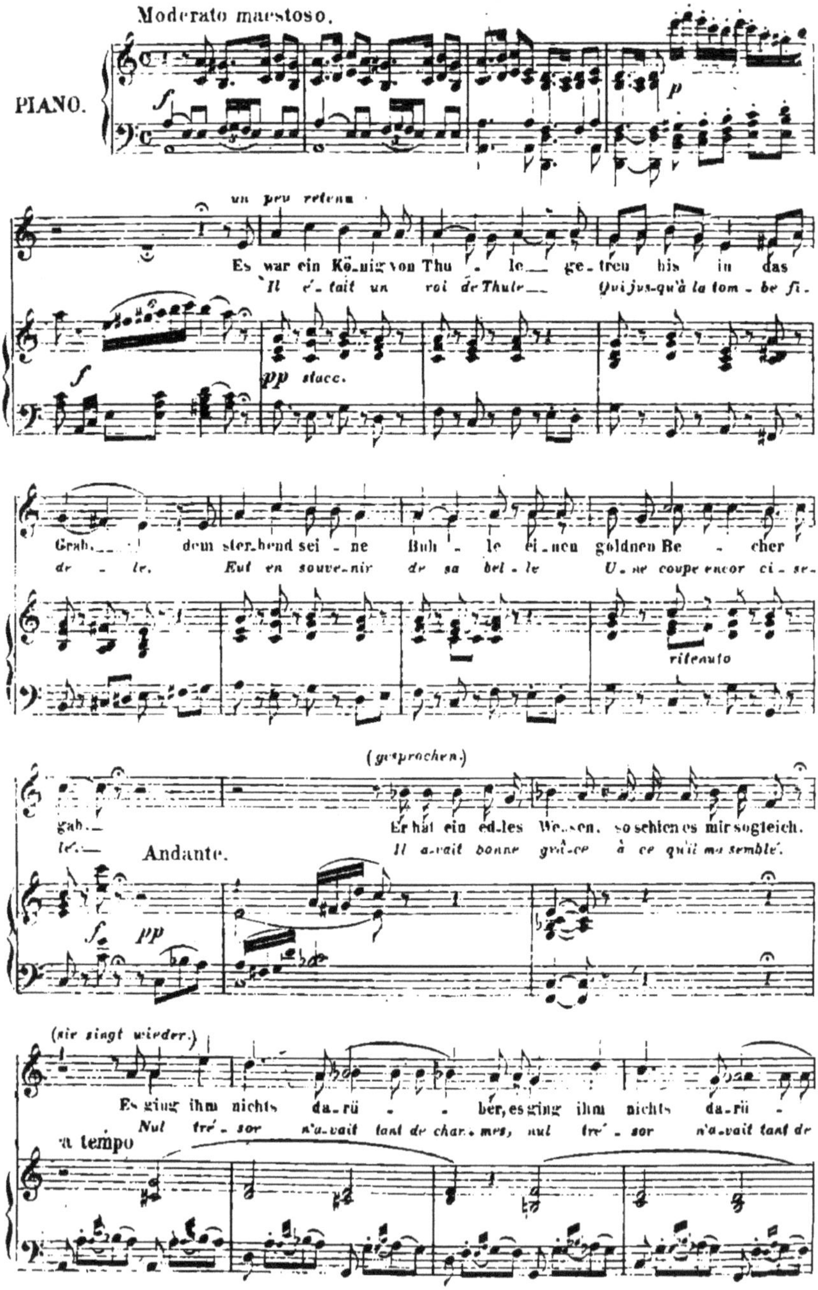

No. 15. Scene und Recitativ.

No 16. Quartett.

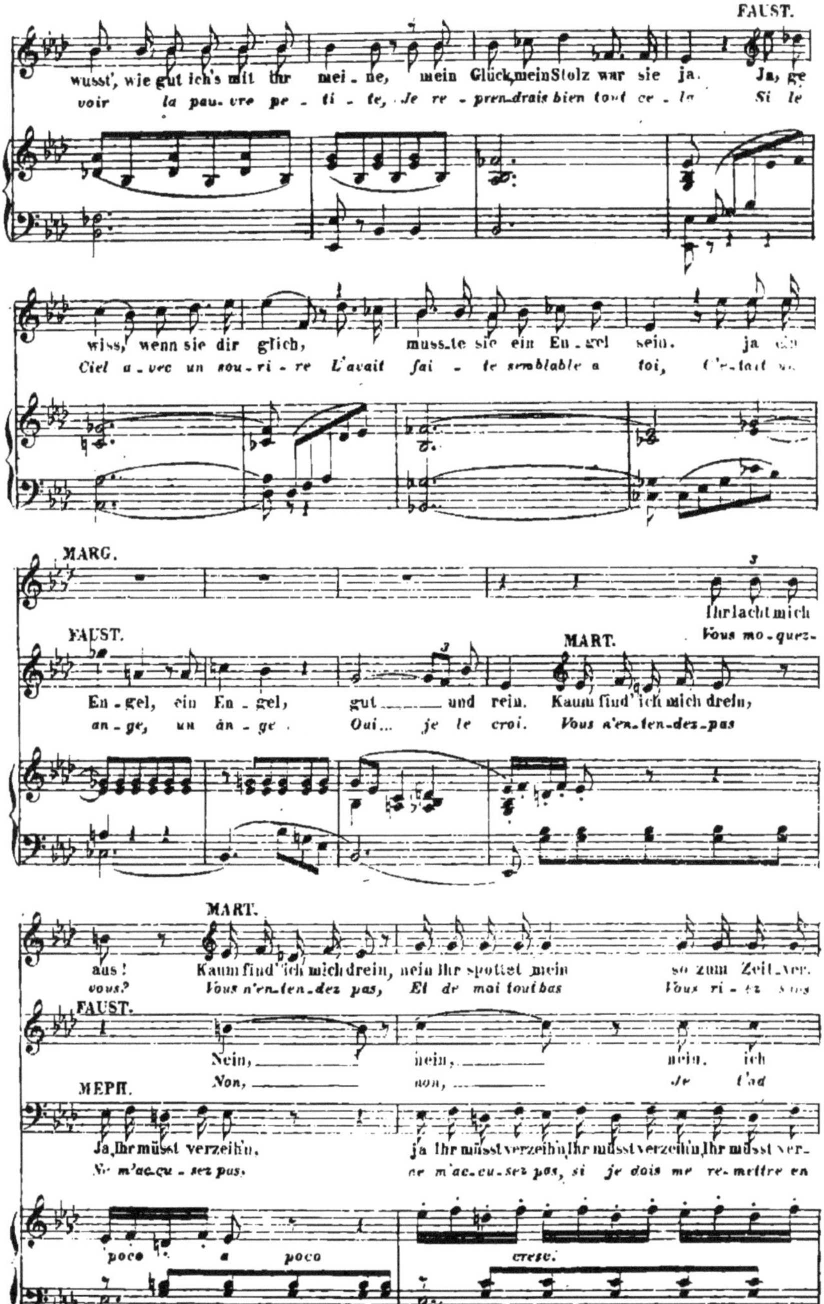
FAUST.
wusst', wie gut ich's mit ihr mei-ne, mein Glück mein Stolz war sie ja. Ja, ge
voir la pau-vre pe-ti-te, Je re-pren-drais bien tout ce-la Si le
wiss, wenn sie dir glich, muss-te sie ein En-gel sein. ja ein
Ciel a-vec un sou-ri-re L'avait fai-te semblable a toi,
MARG.
Ihr lacht mich
Vous mo-quez-
FAUST.
En-gel, ein En-gel, gut und rein.
an-ge, un an-ge. Oui... je le croi.
MART.
Kaum find' ich mich drein,
Vous n'en-ten-dez-pas
aus! vous?
MART.
Kaum find' ich mich drein, nein Ihr spottet mein so zum Zeit-ver-
Vous n'en-ten-dez pas, Et de moi tout bas Vous ri-ez
FAUST.
Nein, nein, nein, ich
Non, non, Je
MEPH.
Ja, Ihr müsst verzeih'n, ja Ihr müsst verzeih'n Ihr müsst verzeih'n, Ihr müsst ver-
Ne m'ac-cu-sez pas, ne m'ac-cu-sez pas, si je dois me re-mettre en
poco a poco
cresc.

Nº 17. Recitativ.

No 18. Recitativ und Duett.

AKT IV.

№ 19. Entr'acte und Recitativ.

N.º 19.ᵃ Margarethe am Spinnrad.

N.º 20. Scene und Recitativ.

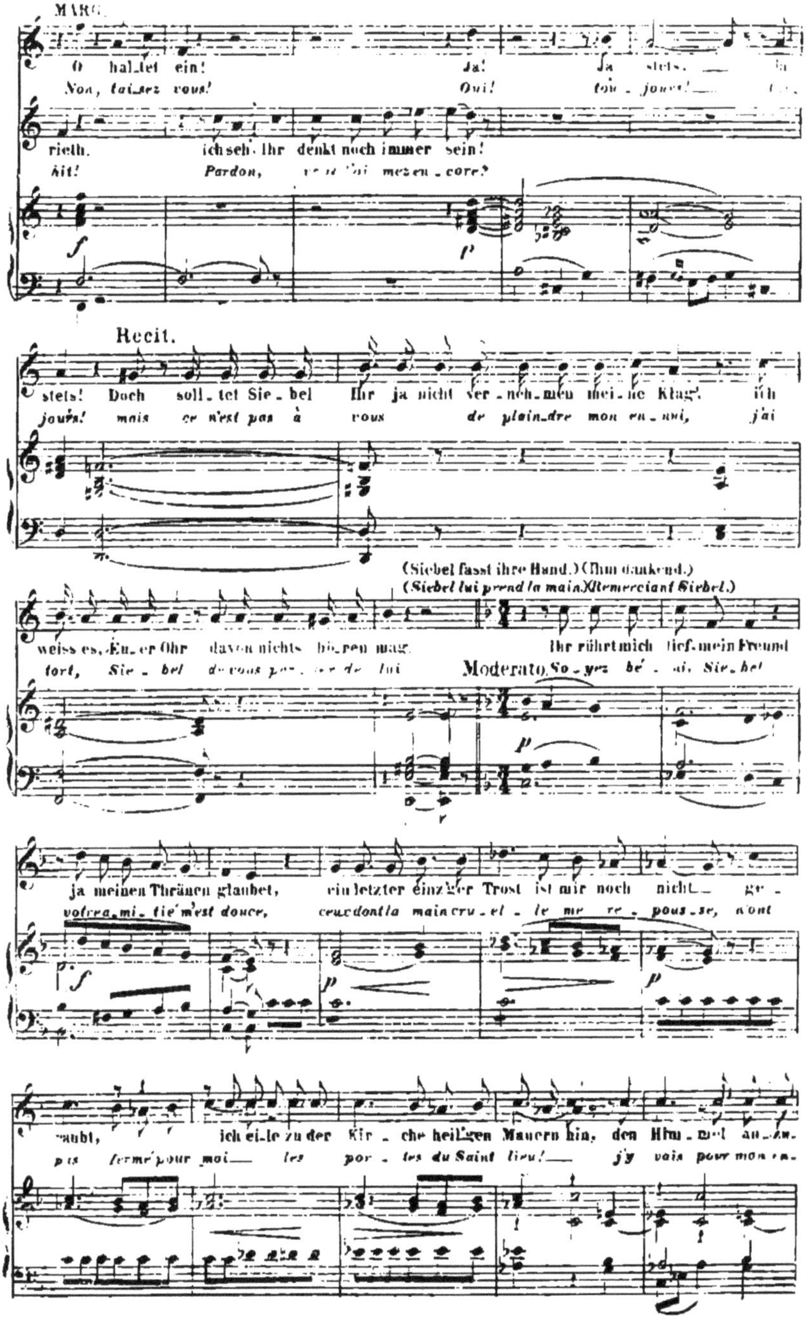
MARG.
O hal_tet ein! Ja! Ja stets, ja
Non, tai_sez vous! Oui! tou_jours!
rieth. ich seh' Ihr denkt noch immer sein!
Pardon,
Recit.
stets! Doch soll_tet Sie_bel Ihr ja nicht ver_neh_men mei_ne Klag'. Ich
jours! mais ce n'est pas à vous de plain_dre mon en_nui, j'ai
(Siebel fasst ihre Hand.) (Ihm dankend.)
(Siebel lui prend la main.)(Remerciant Siebel.)
weiss es, Eu_er Ohr davon nichts hö_ren mag. Ihr rührt mich tief, mein Freund
Moderato
ja meinen Thränen glaubet, ein letzter einz'ger Trost ist mir noch nicht ge_
ceux dont la main cru_el_le me re_pous_se,
raubt, ich ei_le zu der Kir_che heil'gen Mauern hin, den Him_mel an_zu_
fermé pour moi les por_tes du Saint lieu! j'y vais pour mon en_

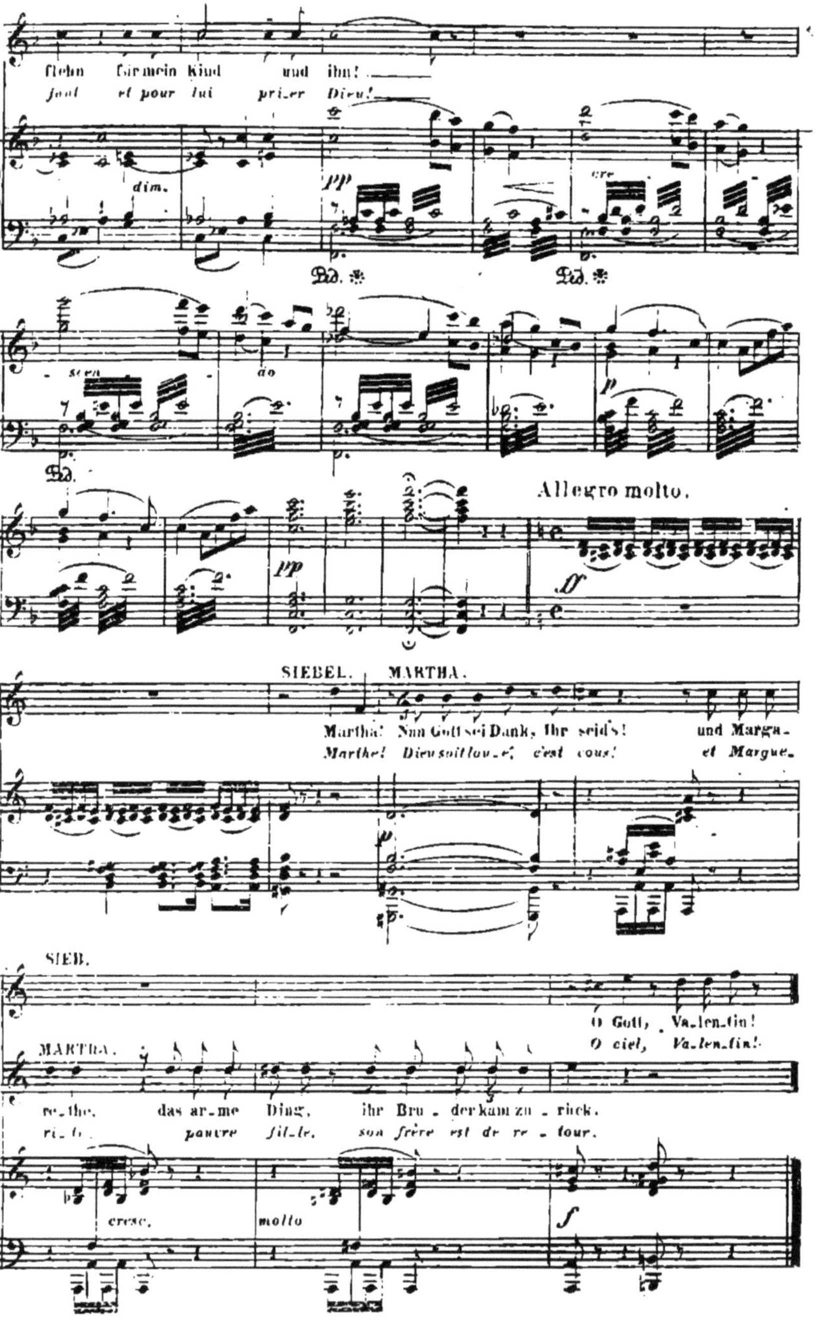
flehn für mein Kind und ihn!
jout et pour lui pri_er Dieu!
dim.
pp
cre
scen
do
p
pp
Allegro molto.
ff
SIEBEL.
MARTHA.
Martha! Nun Gott sei Dank, Ihr seid's! und Marga_
Marthe! Dieu soit lou_é, c'est vous! et Margue_
p
SIEB.
O Gott, Va_len_tin!
O ciel, Va_len_tin!
MARTHA.
re_the, das ar_me Ding, ihr Bru_der kam zu_rück.
ri_te, pauvre fil_le, son frère est de re_tour.
cresc.
molto
f

Nº 21. Fanfare und Chor.

170

№ 23. Serenade.

No. 24. Duell-Terzett.

N° 25. Tod Valentins.

No 26. Scene in der Kirche.

AKT V.

N⁰ 27. Die Walpurgisnacht.

Allegro molto vivace.

No. 28. Scene und Chor.

No. 30. Gefängniss-Scene.
Trio und Finale.